Juan Carlos Jiménez

Atender clientes artísticamente
Un negocio sin desperdicio

C O G R A F

Una edición de Cograf Comunicaciones
Caracas, Venezuela - Diciembre 2011

Atender clientes artísticamente
Un negocio sin desperdicio

Copyright© 2011 Juan Carlos Jiménez.
Todos los derechos reservados

ISBN: 978-1469903934
Depósito Legal: lf25220116583759

Ediciones de Cograf Comunicaciones
www.libroscograf.com

Facebook: jucarjim - cograf
Twitter: @jucarjim - @cograf - @artesupremo

Impresión: Gráficas Acea

C O G R A F
Av. Francisco de Miranda con Av. Principal de Los Ruices,
Centro Empresarial Miranda, Piso 1, Ofic 1K. Los Ruices.
Caracas 1070, Venezuela. Telf/Fax: (+58 +212) 237-9702
Rif: J-30336261-3 - E-mail: contactocograf@cograf.com
www.cograf.com

Contenido

Contenido

Atender artísticamente

Es en primer lugar un acto de decisión. Atiendes artísticamente cuando **decides atender** a cada cliente, externo o interno, con dignidad e intención de influir positivamente en él.

Decidir es resolver. Cuando decides brindar atención con un nivel artístico, tomas una determinación superior sobre ti, sobre tu inteligencia, sobre tu brillo personal y todo el potencial creativo que tienes.

La decisión personal es el primer paso de la atención artística porque es algo que eliges hacer **por ti y para ti**. Es una oportunidad única que te regalas tú, porque nadie puede obligarte a atender con gusto y ser un artista de tu vida.

Cuando brindas atención con arte, las personas sienten que tuviste una valentía especial, un **coraje superior** para tomar la decisión de dar lo mejor de ti al atenderlas y ayudarlas.

Decidir atender con excelencia es valorarte, como ser humano. Al brindar arte a través de tu desempeño, te gratificas tú, te premias, te atiendes tú mismo con aprecio, te proporcionas bienestar y encuentras en la atención la oportunidad más significativa de plenitud personal y profesional.

Así pues, si la atención artística es una visión y una filosofía de vida, entonces se trata de un asunto crucial para las personas y cualquier **organización**.

De esta manera, un equipo de trabajo, una empresa, una organización social o una institución pública que se propone desempeñarse con nivel artístico, también debe comenzar por decidirlo. Lo cual representa también un **reto esencial** a sus valores, a su convicción, a su coherencia, a su voluntad de superación y su verdadero compromiso con el mejoramiento diario.

En este sentido, atender artísticamente es **atender con dignidad**, excelencia, integridad, nobleza, honor.

Atender, ayudar y servir a otros con dignidad, supone dignidad hacia uno mismo, lo que significa en términos simples **ser persona** y ser gente en la manera de comportarse.

Recuerda que la atención artística de los clientes es el trabajo profesional más digno que existe, porque es el trabajo que requiere más **valor personal**, hacia ti, hacia lo que haces y hacia las personas.

Al tener una visión del trabajo de atender con sentido de arte, logras experimentar un gran **disfrute laboral**, porque la excelencia en la atención te dignifica como ser humano y te hacer sentir tu potencial para ser útil.

Por último, atender clientes artísticamente quiere decir que atiendes con una clara **intención de influir** positivamente en el estado de ánimo de las personas con quienes interactúas.

El artista de la atención tiene el **propósito** consciente de conmover a cada cliente, de hacerse notar y no pasar desapercibido.

Atiendes artísticamente cuando no trabajas con indiferencia, cuando no eres apático frente a las personas que te necesitan y cuando no te desempeñas como si fueras un robot o estuvieras fastidiado de hacer tu trabajo.

Atiendes con arte, cuando se te nota la pasión que produce decidir trabajar con dignidad de ayudar y orgullo de servir.

Al atender con un nivel artístico, tu objetivo es captar la atención del cliente y deslumbrarlo con el gusto que transmites por lo que haces. Es un placer que produce admiración, que fascina y genera aplausos.

Como artista de la atención al cliente, tu meta personal es transformar la rutina y lo ordinario en momentos

extraordinarios para la gente, dando lo mejor de ti, como persona y como profesional.

Gracias a tu búsqueda de excelencia artística, logras hacer que las labores y las funciones complejas luzcan sencillas, fáciles de realizar y hasta divertidas. De esta manera influyes **positivamente** en el estado de ánimo de la gente que se te acerca para que la atiendas.

Ya sabes, en este libro, **atender clientes artísticamente** significa decisión de marcar la diferencia con cada persona con la que interactúas, atendiéndola con dignidad e intención de influir positivamente en ella.

Es muy probable que la palabra "negocio", primero nos evoque significados comerciales y mercantiles. Casi siempre utilizamos este vocablo para referirnos a lo que hacemos fundamentalmente por dinero.

Sin embargo, en estas páginas te propongo que también veas la palabra "negocio" como toda **acción o actividad** que realizamos porque procuramos más salud y bienestar personal, en un sentido más amplio que el mercantil.

Sí, es verdad, desde el punto de vista profesional, un negocio requiere trabajo, esfuerzo, iniciativa, creatividad, dedicación, práctica, disciplina, atención y cuidado. ¿Pero acaso esto no es lo mismo que debemos hacer si aspiramos tener mejor **calidad de vida**?

Como fuente de inspiración, te invito a que pienses en la palabra "negocio" como una excelente oportunidad para ampliar su simple significado monetario.

Considera negocio como **sinónimo** de utilidad, provecho, beneficio, ganancia, ventaja, recompensa, logro, realización y rendimiento. Una perspectiva que deja claro que un buen negocio es un buen **estímulo** del interés, una gran **motivación**.

En este sentido, "un negocio sin desperdicio" significa lo mismo que "un negocio redondo", en el que se obtiene la máxima utilidad o *ganancia* cuando trabajas en ello.

Igual ocurre con la atención al cliente. La buena atención al cliente no sólo es un negocio redondo para quienes la reciben, sino también para el que la da y quienes están a su alrededor.

Sin embargo, hay que agregar que los beneficios son mayores cuando el negocio de atender artísticamente se convierte en un *enfoque de vida*, que va más allá del trabajo.

Esta perspectiva o visión de vida, es la que permite comprender el por qué *atender con excelencia* tiene un impacto superior, tanto en clientes externos como internos.

Éste es "el negocio" que te propongo con esta publicación: una visión más amplia de la atención al cliente (más allá del servicio) y del propio concepto de cliente.

Se trata de una orientación que te ayudará a ampliar tus oportunidades de desarrollo, como organización o como persona.

Es difícil conseguir a alguien que diga que la atención al cliente no es algo fundamental para cualquier empresa de servicio o institución pública. Sin embargo, en la práctica se pueden encontrar muchas contradicciones.

La **cantidad, frecuencia y profundidad** de la formación profesional en atención al cliente quizás es la mayor evidencia de cuánto y cómo se subestima el negocio de atender bien.

Por ejemplo, es usual encontrar que los empleados que más atienden personas cuentan con muy poca o ninguna formación en materia de atención al cliente. Quizás dominan bien los aspectos técnicos de su función laboral, pero la calidad de comunicación interpersonal a la hora de brindar atención y servicio necesita mejoras considerables.

En otras palabras, en la **formación para el trabajo** que recibimos en bachillerato o la universidad, es realmente dramática la escasez de materias de estudio sobre aspectos claves vinculados con la comunicación efectiva, las relaciones interpersonales, el servicio y la atención al cliente. Todo el mundo dice que estos son aspectos esenciales en cualquier trabajo, pero la minoría tiene estudios formales al respecto.

La mayoría de las personas piensan que se trata de un asunto de "vocación". Es decir, que quienes brindan buena atención lo hacen por una disposición "natural" o porque nacieron con la inclinación de hacerlo.

Otros piensan que para brindar una buena atención, la formación profesional no es tan importante como la buena actitud, olvidando que ésta es una consecuencia y no la causa. Por lo tanto, es comprensible que muchos se pregunten ***¿cuánto valor puede tener la buena atención al cliente*** si es algo que no se estudia, que no tiene materias específicas en ningún nivel académico y que no existe como carrera?

Como en cualquier trabajo, la buena disposición a realizar bien una labor es un aspecto muy importante, ***pero no suficiente***. Dicho de otra manera, no basta tener buena actitud para ser buen médico, ingeniero o administrador. Sin suficiente formación profesional, una buena actitud podría llegar a ser hasta contraproducente.

Mientras mayor sea la formación profesional, menor es el desperdicio en el negocio de atender clientes artísticamente.

Permíteme exponer este asunto de tanto valor con la mayor amplitud posible: la atención al cliente es un tema fundamental durante toda la vida laboral de cualquier persona, en todas las áreas de trabajo, sin excepción.

Tomando esto en cuenta, luce especialmente conveniente que los futuros trabajadores comiencen a escuchar y hablar del tema desde antes de desempeñar una responsabilidad formal de trabajo. De esta manera tienen más oportunidades de prepararse mejor.

Los **estudiantes de bachillerato**, por ejemplo, deben saber que en su futuro académico y profesional siempre estarán frente a situaciones que retan la calidad de su atención a la gente. Esto ya lo han experimentado. Tengo la seguridad de que en este nivel académico conocen bien cuáles son las consecuencias de prestar buena atención en clase, a los profesores, a los compañeros y a los temas que deben estudiar.

Por su parte, el **estudiante universitario**, necesita tener conciencia de que cualquiera que sea la carrera que haga, su trabajo siempre ejercerá una gran influencia en la vida de muchas personas. Motivo suficiente para que se prepare mucho mejor sobre los diferentes aspectos involucrados en la atención al cliente.

Si estás trabajando, ya debes haberte dado cuenta de que todo lo que se hace en cualquier organización, privada o pública, está orientado a satisfacer necesidades de personas. Todos los procesos fundamentales de trabajo comienzan y terminan con la atención a la gente, independientemente de:

• El nivel de estudio o el título universitario que tengas;

• El área profesional a la que te dediques;

• El tipo o tamaño de organización en la que trabajes, sea privada o pública;

• La posición del cargo que te asignen; y

• Tus responsabilidades laborales específicas.

Además, las personas que mejor brindan atención y servicio en las organizaciones son las que tienen más oportunidades de crecimiento profesional: sus clientes externos e internos siempre las recomiendan con otros clientes.

En caso de que estés **desempleado**, debes tomar aún más en cuenta que una de las fortalezas claves para encontrar trabajo y una de las virtudes que más les interesa a tus potenciales empleadores, es la disposición que tienes para atender bien a la gente. Si mejoras tu valoración de lo que esto significa, también mejorarás tus oportunidades de conseguir empleo.

Cuando hagas tu resumen curricular o cuando vayas a una entrevista con un posible empleador, tu verdadera actitud hacia la atención al cliente y tu formación profesional en este tema son de los aspectos que más te evaluarán.

Si tienes algún **cargo de supervisor**, cualquiera que sea la cantidad y características de las personas bajo tu responsabilidad, necesitas tener aún más conciencia sobre la calidad de atención y servicio que les das a tus supervisados. Tu trato hacia ellos modelará de forma determinante la manera en que ellos se atiendan entre sí, trabajen en equipo y atiendan a los clientes externos.

Si trabajas en el **departamento de recursos humanos**, sabes que este asunto es crucial. Los empleados de tu organización, de una manera u otra, terminan reflejando hacia los clientes la calidad de la atención y servicio que reciben como clientes internos de la empresa.

Los profesionales desarrollan más sentido de identidad y compromiso hacia las empresas que tienen coherencia entre la forma en que tratan a sus trabajadores y la que le exigen tener con los clientes externos. Es decir, la estrategia de "dar lo que se exige" y "practicar con el ejemplo" genera más lealtad del trabajador hacia su empleador.

Igualmente, si la empresa tiene políticas comerciales para premiar a los clientes externos y darle un trato especial a los más leales y consecuentes, también debería tener políticas de recursos humanos para premiar a los clientes internos más consecuentes con la excelencia personal en atención y servicio.

Si trabajas en el **área de formación** de una empresa, o si eres **maestro, profesor o instructor**, seguramente te interese repotenciar el enfoque de tus enseñanzas para obtener más eficacia educativa.

En este sentido, si consideras la formación como un producto y a los aprendices como clientes, tus actividades didácticas obtendrán una perspectiva mucho más amplia y efectiva.

En otras palabras, seducir y persuadir al alumno para que quiera estudiar y aprender más, como decisión personal, le da más fuerza a la creatividad del educador en comparación a cuando solamente ejerce una actitud aleccionadora.

Si estás en el mundo del **mercadeo y la publicidad**, es indispensable que tomes más en cuenta la imagen que las empresas producen a través de sus canales de atención al cliente.

Los empleados que atienden a clientes que llaman por teléfono, o visitan puntos de venta del anunciante, se han convertido en un medio publicitario fundamental. Ellos hacen de su comportamiento frente al consumidor la experiencia más influyente en la **percepción y valoración** hacia la empresa y sus marcas.

En un estricto sentido de mercadeo, esa percepción y valoración son los pilares esenciales del proceso de **branding** de cualquier organización, producto o servicio, comercial o no. En consecuencia, el trato de los empleados debe considerarse como uno de los canales de mercadeo y publicidad más importantes.

Por otro lado, una de las consecuencias de una sociedad bombardeada de información por tantos medios, es que los clientes saben más sobre productos y servicios. Por tal razón, cada día son más los clientes que solicitan información específica sobre productos, servicios o promociones que los empleados del anunciante desconocen, o no cuentan con suficiente formación para atender profesionalmente al respecto.

Asimismo, las redes sociales en Internet han agregado más impacto publicitario al **efecto boca-a-boca** de los consumidores. Sitios web como Facebook o Twitter cada vez son más utilizados como plataformas de denuncia por clientes que han vivido decepcionantes experiencias con marcas de empresas y productos.

En la Web 2.0 las empresas están muy expuestas a ser criticadas si brindan mal servicio o no son socialmente responsables. Si no tienen una estrategia adecuada de atención y servicio, esas quejas pueden convertirse en una pesadilla.

Por su parte, el profesional dedicado a las **comunicaciones corporativas** encontrará en este tema oportunidades para mejorar los mensajes y la postura de las empresas frente a las exigencias de la responsabilidad social o una crisis de imagen pública. Atender artísticamente a los públicos claves en momentos de adversidad, siempre produce dividendos extraordinarios.

No importa el nivel de formación que tengas o el área en la que trabajes, si eres **gerente** y la gente **no** es el centro de tu atención, los resultados de tu gestión serán mediocres. Contarás con muchos recursos tecnológicos, pero la calidad de la atención a sus miembros sigue siendo el eje esencial en los **equipos de alto desempeño**.

Paradójicamente, también es uno de los aspectos más subestimados en la gerencia contemporánea. Una prueba irrefutable: compara la diferencia que hay entre el presupuesto publicitario o el de tecnologías de información y el presupuesto de formación de los empleados en atención al cliente. Ojo, no digo que estos presupuestos deban ser iguales, sino que la brecha es enorme, tanto en los montos como en las prioridades.

Si eres **empresario**, bien sea que tienes un negocio en formación, o en proceso de desarrollo, o una empresa consolidada, no olvides ni un instante que el nombre del juego es "servicio y atención al cliente". En una economía globalizada los productos y servicios cada día tienden a parecerse más. Razón por la cual la atención al cliente está ejerciendo más impacto y creando verdadero valor en la **diferenciación** de cualquier negocio o marca.

En una empresa consolidada, existe la excelente oportunidad de convertir la atención al cliente en **un pilar** fundamental de su cultura organizacional. Así se puede ayudar mejor a los empleados para que sepan cuáles son las conductas diarias que la organización espera de ellos en esta materia.

Si estás iniciando un nuevo negocio, te encuentras en un momento ideal para establecer ese pilar desde el principio. Eso le dará mucha más fuerza y sustentabilidad a tu emprendimiento.

En caso de ser **empleado público**, independientemente del cargo que tengas o la función que desempeñes, debes estar consciente de que tu trabajo diario es lo que más influye en la calidad de vida del mayor número de personas de la comunidad, pueblo, ciudad y país en el que vives.

Como funcionario de una institución del Estado, la razón de ser de tu trabajo está constituida por los **ciudadanos**. A ellos te debes y por ellos debes prepararte. Este libro seguro te ayudará a que tú mismo le otorgues más dignidad profesional a todo lo que haces como servidor público.

En todos los casos y situaciones antes descritas, podemos decir que:

1. Los clientes son **la fuente** clave de los ingresos económicos y "emocionales" (satisfacción, bienestar y plenitud) para cualquier trabajador.

2. La atención es uno de **los medios** principales a través del cual se producen esos ingresos.

3. Las responsabilidades y habilidades laborales son la **plataforma** con la cual das atención a la gente.

Entonces, por atención al cliente en este libro me refiero a la **forma en la que tú te relacionas** con las personas cuando las estás atendiendo, en cualquier ámbito. ¿Acaso no es algo vital para ti?

¿Para quiénes la atención artística es un negocio sin desperdicio?

Atender clientes artísticamente

- Empresarios
- Gerentes
- Empleados
- Desempleados

Empresas, Organizaciones Sociales, e Instituciones del Estado

- RRHH
- Comunicaciones Corporativas
- Mercadeo y Publicidad

Departamentos

- Dirigentes Políticos
- Comunidades
- Estudiantes
  - -Bachillerato
  - -Universidad

5 | Visión más amplia del cliente

Al igual que la palabra "negocio", sobre el concepto "cliente" hay muchos prejuicios y distorsiones. A tal punto que en muchas instituciones públicas existe un incomprensible empeño en no llamar a los clientes de esta manera, sino usuarios o público.

Probablemente, el origen de estas interpretaciones desvirtuadas sobre el concepto de cliente está en la diferenciación que en el mundo del mercadeo se suele hacer entre **comprador y usuario**. El primero paga y el segundo utiliza. A veces es la misma persona y a veces son diferentes.

Por ejemplo, si estás suscrito a un servicio de telefonía móvil, seguramente eres quien paga y usa el servicio. Pero podría ser que también pagues por el servicio que utilizan tus hijos.

La verdad es que esta diferenciación tiene, principalmente, una función formal y administrativa. Pero desde el punto de vista de la atención, la diferenciación puede tener **efectos negativos y contraproducentes**: siempre que te traten como usuario y no como comprador, correrás con la mala suerte de recibir menos calidad de atención y servicio, y las personas que te atiendan tendrán menos compromiso con satisfacer tus solicitudes y necesidades.

La falta de una visión más amplia del concepto de cliente explica por qué en muchas empresas o instituciones públicas los empleados atienden como si estuvieran **haciéndole un favor** a los clientes y no como su responsabilidad profesional más importante.

El desconocimiento de su significado más amplio ha generado prejuicios sociales sobre la palabra cliente, especialmente en las instituciones públicas.

Permíteme recordarte que los servicios públicos existen gracias a que **los ciudadanos pagan** impuestos al Estado, a través de diferentes vías. Así que todo ciudadano es, por definición, un cliente del Estado en el que vive y del cual forma parte.

En este sentido, se debe tener presente que **un servicio público no es un favor**, una regalía, una caridad, una donación o una limosna que da el Estado. Los servicios públicos son parte de las responsabilidades y compromisos formales que el Estado tiene con sus ciudadanos, en todos sus niveles de organización (alcaldías, gobernaciones, ministerios, etc.)

Hay que agregar que los ciudadanos de un Estado no sólo pagan por los servicios públicos mediante impuestos, sino que sobre los mismos también opinan con **sus votos** a la hora de elegir a sus gobernantes.

Ahora bien, desde un punto de vista básico, el cliente puede ser una persona, una empresa, una institución del Estado o una organización social. Cualquiera de estas entidades que pague por un producto o servicio, lo use directamente o no, es un cliente.

Pero, **desde el punto de vista del negocio** de la atención artística, la definición de cliente debe incluso tener más amplitud.

Siempre se debe recordar que todo lo que se hace en cualquier organización, privada o pública, está orientado a satisfacer necesidades de personas. Es decir, **todo lo que haces** en tu puesto de trabajo, de manera directa o indirecta, afecta la vida de los clientes. Sin excepción.

Cualquiera que sea tu responsabilidad laboral específica, **la esencia de tu trabajo** son los clientes. Las tareas concretas relacionadas con tu cargo debes asumirlas siempre como un medio para atender y satisfacer a clientes.

Así pues, dentro de este contexto, los clientes también son los que aún no han comprado, pero están interesados en hacerlo, y necesitan información sobre la organización en la que trabajas, o sobre sus productos y servicios.

Si a estos buscadores de información no los ves como clientes, lo más seguro es que no les des buena atención. Inclusive podrías pensar: "¡pero si ni siquiera han comprado nada todavía!"

Al no verlos como clientes, lo más probable es que no les proporciones profesionalmente toda la información que necesitan, bien sea que después se conviertan en compradores o no.

Con la misma visión de búsqueda de una atención con nivel artístico, los clientes **también son** quienes han dejado de comprar porque en algún momento se sintieron defraudados por el servicio, el producto o la atención.

La experiencia indica claramente que los clientes que se recuperan, pueden ser aún más beneficiosos, ya que nos recomiendan con más fuerza y convicción. Ellos pueden llamar más la atención de otros potenciales compradores al referirse al **profesionalismo**, creatividad y valor que practicamos para recuperarlos.

Como puedes ver, el concepto de cliente que te propongo contiene en sí mismo un claro sentido de responsabilidad y un mayor compromiso con las personas que atendemos, sean o no compradoras o usuarias.

Este concepto de cliente te ayuda a ampliar tus oportunidades de crecimiento profesional y personal. ***Desde esta perspectiva*** puedes ver mucho mejor que tu trabajo no lo define el cargo que tengas o el título académico que hayas alcanzado.

Al ver a las personas con las que te relacionas como clientes, es más fácil que comprendas que tu trabajo está constituido por ellas mismas, quienes se benefician o no de lo que haces, de una manera u otra.

Mucha de la mala atención al cliente se origina precisamente al **desconocer, obviar u olvidar** este concepto de cliente, porque la gente termina enfocándose más en los aspectos operativos de su puesto de trabajo que en las personas a quienes influyen con su labor.

Necesitamos dignificar el significado integral de la palabra cliente, para convertirla en un concepto que inspira compromiso personal y estimula intensamente la inteligencia a la hora de brindar atención.

La calidad de la atención está determinada por tu **decisión** personal sobre cómo trabajas y depende de que veas como clientes a las personas con las que interactúas (tanto en el ámbito profesional como personal).

La metáfora del huevo frito

6

Para precisar mejor el alcance que tiene el concepto de clientes, me parece útil la imagen de un huevo frito. Es una buena representación gráfica de ti y de la empresa u organización en la que trabajas, o vas a trabajar.

Alrededor están los **clientes externos**, o "público", una de las razones por la cual la atención al cliente también sea conocida como "atención al público".

Sin embargo, el público es un concepto limitado sobre los distintos grupos de personas que debemos considerar como clientes. Tu relación con los públicos internos también influye de manera determinante en la relación que estableces con los externos.

En este sentido, la parte blanca del huevo representa a los **clientes internos**: Personas y organizaciones con las que trabajas y de quienes dependes para brindar servicio a los clientes externos.

De acuerdo con tu cargo o posición en el trabajo, los clientes internos son los **compañeros de trabajo**, los de tu departamento y los de otras áreas, así como también tus **proveedores**. Con ellos haces equipo de manera permanente y tu desempeño profesional en gran medida depende de la **calidad de la relación** que estableces con ellos, la cual, a su vez, también está determinada por la visión que tienes de estas personas.

Por ejemplo, cuando ves claramente como cliente a tu jefe o a la persona a la que le debes reportar tus acciones, te esmeras mejor en comprender y satisfacer sus solicitudes laborales. Pones **lo mejor de ti** en eso. Tu compromiso y comportamiento profesional hacia esa persona se vuelve superior a la forma en que actuarías si no lo vieras como cliente.

Asimismo, los jefes que gozan de más admiración y compromiso por parte de sus equipos de trabajo, son los que también consideran a sus supervisados como clientes internos. Esta visión les facilita conocer mejor a sus supervisados y su respectivo potencial, lo cual es una condición indispensable para influir en ellos positivamente e inspirarlos para constituir **un equipo de alto desempeño**.

De igual manera, cuando tratas a tus compañeros de trabajo con una visión de que también son tus clientes internos, tu comportamiento hacia ellos se vuelve especial: los escuchas con mejor atención, eres más cuidadoso con tu comunicación, les tienes más paciencia y buscas comprender mejor el trasfondo de las solicitudes que te hacen.

La visión como clientes internos también te hace obtener mejores productos y servicios de tus proveedores, porque dedicas más cuidado a la relación que tienes con ellos. Si los tratas como si nada más tuvieran deberes contigo o tu empresa, **nunca vas a obtener** el máximo de honestidad, compromiso y lealtad como proveedores.

Cuidado: Ver a los compañeros de trabajo y a los proveedores como clientes internos no significa ser tolerantes o complacientes cuando ellos tienen actuaciones indebidas. Por el contrario, se trata de una visión que supone que *la relación* requiere un mayor esmero, porque con ellos tenemos un vínculo mayor, de todos los días y de largo plazo.

Con ellos haces equipo. Buena parte de tu desempeño depende del de ellos y viceversa. De manera que *si te dedicas a cultivar* una excelente relación con ellos producirás la confianza que hace falta para tratar los errores con madurez y profesionalismo, en función de corregirlos sin deteriorar la relación.

Cuando no se tiene la visión de los clientes internos, las personas y las empresas terminan padeciendo una especie de trastorno de personalidad que, tarde o temprano, afecta negativamente su *desempeño* individual o colectivo.

Si llegas a una empresa en donde encuentras a la gente diciendo "buenos días" y "buenas tardes" con caras de estar fastidiados por el trabajo que hacen (y sin que signifique buenos días ni buenas tardes para ellos), lo más seguro es que traten a sus compañeros de trabajo y a sus proveedores con el mismo fastidio. ¿Qué productividad se puede esperar de ellos? ¿A qué nivel de crecimiento personal y profesional pueden llegar si no les gusta lo que hacen y les da fastidio atender a las personas?

Es difícil que trates bien a los clientes externos si primero no tratas bien a los internos.

Si no puedes atender bien a las personas con las que compartes la mayor parte del tiempo de vida laboral (tus compañeros de trabajo), lo que terminas dando a los clientes externos es un comportamiento basado en la insatisfacción profesional y la insipidez de la relación con tu equipo de trabajo.

Como consecuencia, atender a los clientes se te convierte en una labor cada día más pesada y cansona. No te produce ninguna satisfacción personal. Tu desempeño se vuelve monótono y, más temprano que tarde, te cansas de actuar y fingir los "buenos días".

De esta manera es como se marchita la visión de tu profesionalismo y comienzas a desarrollar una especie de *amargura permanente* con tu trabajo. Algo que no puedes ocultar al atender a los clientes, externos o internos.

Pero cuando tienes una visión consciente de quiénes son tus clientes internos, sabes que ellos están involucrados en tu bienestar personal y en la generación de tus *ingresos emocionales*. Éstos están constituidos por el placer y el alto nivel de satisfacción que sientes cuando reafirmas tus capacidades y potencialidades como ser humano, a través del acto de *ayudar y ser útil* para las personas con las que te relacionas.

Volvamos al ejemplo del huevo frito.

Ahora llegamos a la parte amarilla, la yema, donde están los *clientes internos personales*. Son las personas más importantes de tu vida personal, familiares y amigos. Por lo tanto, la calidad de relación que tienes con ellos también influye de una u otra manera en tu comportamiento hacia los otros clientes internos y los externos.

La visión de cliente interno personal tiene más valor que la connotación comercial tradicional que se le da a la palabra cliente, porque le otorga un sentido más significativo e inspirador. En otras palabras, *el parentesco comercial* de la palabra cliente reduce las relaciones al marco de transacciones económicas alrededor de productos y servicios.

Pero la visión de cliente que te propongo, es acerca de alguien en quien tú quieres influir positivamente, porque te importa y porque es una acción que estimula **tu potencial creativo**. Eso es lo que explica todo lo que eres capaz de hacer cuando quieres conquistar, reconquistar o cultivar el amor de alguien importante en tu vida, bien sea tu pareja, tus hijos, tus padres, tus hermanos o tus amigos.

Siempre resulta sorprendente lo que estás dispuesto a hacer por comprender y ayudar a una persona que es realmente importante y valiosa para ti. Por ese "cliente" eres capaz de **mover cielo y tierra**. Tú lo sabes y él también. Te importa mucho esa relación y por eso te esfuerzas de manera consciente en cuidarla.

El valor de esa persona para tu vida es lo que anima tu **disposición** para entregarle lo mejor de ti y mejorar lo que sea necesario en función de ayudarla cuando lo requiera.

Si esa disposición es, justamente, la que más nos gusta recibir cuando somos atendidos como clientes, externos o internos, ¿no tiene sentido aspirarla también como cliente interno personal?

Si te interesa **influir positivamente** en otras personas con tus ideas, con tu imagen personal, con tus proyectos, tus iniciativas, tus propósitos o con tus mensajes, te propongo que las veas como clientes. Esa visión te ayudará a comprender mejor sus necesidades y motivaciones en función de que puedas atenderlas mejor. Esa visión te provee de mayor **agudeza y creatividad.** Te da más inteligencia y te facilita evaluar si estás "llegándole" adecuadamente a quien quieres influir.

Es verdad que muy pocas personas tienen la fortuna de escoger el trabajo que hacen. Sin embargo, todos contamos con el poder de decidir cómo hacer el trabajo que tenemos. Es lo mismo con la visión de quienes son tus clientes. Puedes decidir verlos de la manera más limitada o con **un horizonte más extenso.** Tú decides, y la diferencia la haces tú.

Tipos de clientes si comparas a una organización con un huevo frito

Clientes Externos
Están en el espacio alrededor del huevo:
clientes actuales, potenciales y otros públicos clave
(Ej. medios de comunicación, gobierno, comunidades, etc.)

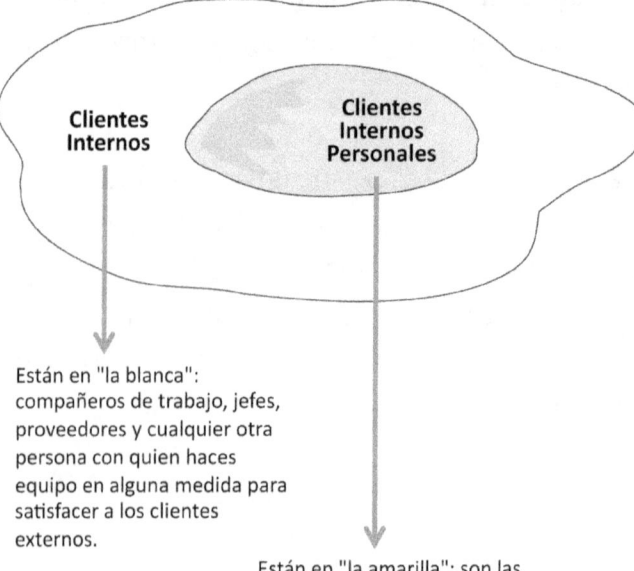

Clientes Internos

Clientes Internos Personales

Están en "la blanca":
compañeros de trabajo, jefes,
proveedores y cualquier otra
persona con quien haces
equipo en alguna medida para
satisfacer a los clientes
externos.

Están en "la amarilla": son las
personas más importantes de
tu vida personal (familiares y
amigos). De una u otra
manera, influyen en la manera
que atiendes a clientes
internos y externos.

Buen negocio para la salud

7

Los beneficios que puedes obtener al brindar atención artística para tus clientes son numerosos y de diversa índole. Por supuesto, para ello es indispensable que este trabajo te parezca digno y fantástico. Ahí residen las mayores satisfacciones.

"Atender bien es beneficioso para tu salud", es la conclusión de abundantes estudios científicos sobre los efectos que producen tus pensamientos y estados de ánimo en tu cuerpo.

Los seres humanos somos capaces de transformar nuestra biología mediante lo que pensamos y sentimos.

Un ataque de depresión puede arrasar con tu sistema inmunológico. Pero serenarte, por el contrario, puede fortificarlo. Asímismo, cuando recuerdas situaciones negativas, que te entristecen, tu cuerpo libera las mismas hormonas y sustancias biológicas destructivas que produces cuando te sientes estresado.

Si sientes que tu trabajo es **un fastidio** y te sientes decepcionado al respecto, cuando la gente te ve "en acción" percibe claramente que estás deprimido. La tristeza que te controla en ese momento se proyecta por todas partes de tu cuerpo y modifica tu perfil bioquímico.

Ciertas sustancias claves para el funcionamiento de tu cerebro (los neuropéptidos), se alteran. Tu nivel de hormonas varía y también el trabajo de tus células. Las plaquetas de tu sangre se tornan más viscosas y se vuelve más propensa a formar grumos y a que padezcas enfermedades cardiovasculares.

Comprendo que es muy difícil que puedas escoger el trabajo que más te gusta, pero siempre puedes **decidir y elegir** cómo hacerlo.

Si decides trabajar con amargura e indiferencia hacia las personas que atiendes, tu salud se resentirá. Quizás no estás consciente de eso porque no es evidente la correlación que existe entre lo que piensas de tus funciones laborales y la salud de tu cuerpo. Pero la ciencia médica cuenta con muchas evidencias de que eso te está afectando.

Por el contrario, si decides de manera consciente pensar sobre el significado positivo de tu trabajo, los resultados son muy distintos. **Si sientes dignidad** al atender a cada cliente te sentirás mejor contigo mismo. Esta conexión genera un círculo virtuoso de bienestar emocional que se refleja en tu salud y en tu productividad.

Cuando sientes **dignidad en el acto de ayudar** a otra persona reafirmas tus capacidades como ser humano. Sentirte útil y capaz son satisfacciones que se derivan directamente del trabajo de brindar atención y ayuda. Son también emociones que te proporcionan bienestar, físico y emocional.

Dignidad es sinónimo de excelencia, integridad, nobleza, honor. Es acerca de ser persona, ser gente en la manera de comportarse. Trabajar con dignidad es la principal **fuente de plenitud** profesional y bienestar personal (calidad de vida).

Atender bien a la gente es el trabajo más digno porque es el que requiere más valor personal: hacia ti mismo, hacia lo que haces y hacia los demás.

Por otro lado, es un hecho psicológico que tus sentimientos sobre ti y tu trabajo, tienden a corresponder con los sentimientos que le brindas a los clientes. Cuando te comportas con más **generosidad** hacia las personas entonces es cuando más consideración especial tienes hacia ti.

Dicho de otra manera, cuando consideras que "la gente es importante", logras concebir un profundo respeto por ti mismo.

Los estudios psicológicos demuestran que el mismo **juicio** que haces hacia los demás lo terminas usando contigo. Así que sólo atiendes bien a todos tus clientes cuando decides creer que eso es importante para ti y es digno. Experimentarás disfrute al hacerlo si sientes que atender bien te dignifica como ser humano y te hace útil.

Vale la pena agregar que al decidir sentirte mejor con tu trabajo, también mejoras la **calidad de vida** con tu pareja, con tu familia, con tus hijos y con las demás personas importantes en tu vida personal.

Ten la seguridad de que muchas de las jaquecas y el desánimo con el que llegas a tu casa después de trabajar, se originan en el disgusto, el desgano, el desinterés o la frustración por lo que haces. ¿Y quién paga por eso? Algunos de tus clientes internos personales más importantes: Las personas que viven contigo.

Así pues, una **visión** de la atención con nivel artístico termina también reflejándose en la calidad de vida con tus clientes internos personales: familia y seres queridos.

Es verdad, no siempre puedes escoger el trabajo que más te gustaría realizar. Pero siempre puedes decidir y escoger trabajar con gusto y dignidad. Esa decisión es la fuente primaria de salud y bienestar.

Si deseas ampliar tus conocimientos sobre los efectos del pensamiento en la salud, te recomiendo leer estos libros:

• "La fuerza del optimismo", del Dr. Luis Rojas Marcos.

• "Brain Rules", del Dr. John Medina.

• "Common Sense Health and Healing", del Dr. Richard Schulze.

Influencia en la salud y la calidad de vida

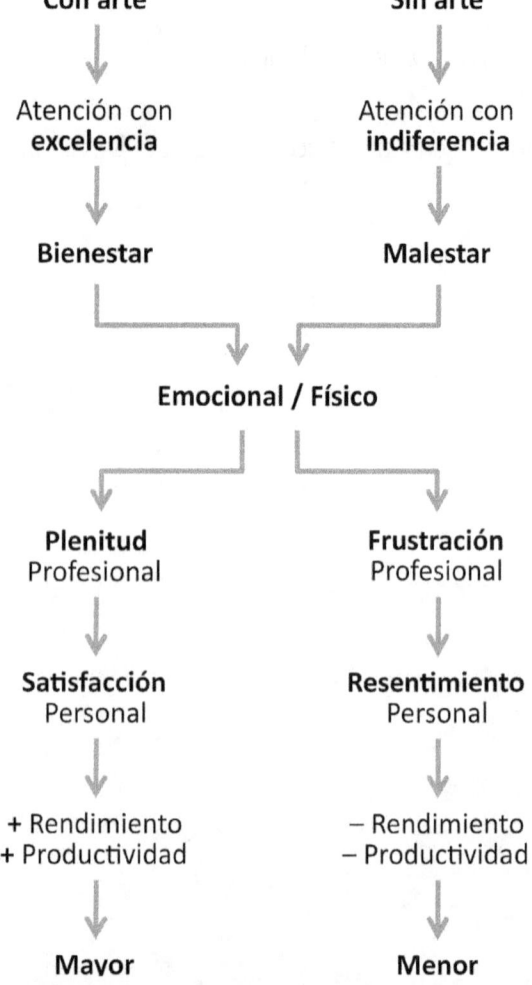

Atender Clientes

| **Con arte** | **Sin arte** |

Atención con **excelencia** — Atención con **indiferencia**

Bienestar — **Malestar**

Emocional / Físico

| **Plenitud** Profesional | **Frustración** Profesional |

| **Satisfacción** Personal | **Resentimiento** Personal |

| + Rendimiento + Productividad | − Rendimiento − Productividad |

| **Mayor** | **Menor** |

Atender clientes artísticamente es un negocio sin desperdicio porque es algo que te destaca como persona y te diferencia radicalmente de la gente a quien "le da igual" lo que hace. En esa diferenciación está la mayor fuente de tus oportunidades de **crecimiento** profesional.

Por ejemplo, si estás buscando empleo, tu auténtica disposición para atender bien a las personas es un aspecto decisivo a ser evaluado en tu personalidad para que te den el puesto.

Cuando estás trabajando y te destacas por la buena atención que das, tienes más posibilidades de ascenso y promoción dentro de la empresa (lo que a su vez implica una mejor compensación económica). Más temprano que tarde tus clientes internos claves van a notar **tu brillo personal** porque las personas son importantes para ti.

Si acaso no te promocionan dentro de la empresa en la que estás, y realmente eres sobresaliente en atención al cliente, es muy probable que un "cazador de talento" o un ejecutivo de otra empresa te proponga pagarte más y brindarte mejores condiciones laborales para que te vayas a trabajar con ellos. Esto es casi una regla.

Gracias a las asesorías y programas de formación que realizo sobre atención al cliente, he podido conocer y conversar con centenares de gerentes del área de recursos humanos y reclutamiento de personal. La mayoría me ha confesado que es sumamente difícil conseguir empleados **sin complejos** por atender bien a los clientes. Son escasos. En consecuencia, una táctica común que aplican es "robárselos" de otras empresas en donde los consiguen.

En este sentido, cada vez que tengo la oportunidad, les digo a los participantes de mis entrenamientos que asuman el mejoramiento de sus habilidades profesionales de atención con el objetivo de ser "robados" por otra empresa, que les ofrezca mejores condiciones y remuneración. **Ese es tu negocio personal**. Lograr que tu desempeño tenga más valor.

Si eres verdaderamente excepcional en atención al cliente, la empresa en la que ahora trabajas debe esmerarse por "consentirte" y conservarte. Pero eso es asunto de ellos. El tuyo es destacarte y diferenciarte profesionalmente.

Ahora bien, si consideras que eres excelente brindando buena atención al cliente, pero tus jefes no lo notan o no has recibido atractivas ofertas de trabajo de otras empresas, debes revisar tus **parámetros** de lo que para ti es excelencia y arte en la atención al cliente.

Un trabajo excepcional en atención no significa hacerlo bien, sino hacerlo mucho más que bien. Es hacerlo fascinante y conmovedor. Pero esto sólo es posible cuando das lo mejor de ti como persona, más allá de lo que te "corresponde" dar. Sólo así te puedes destacar y tu desempeño deja de pasar desapercibido.

Si has leído mi libro *Arte Supremo* entonces sabes que ésta es la expresión que más me gusta para describir la buena atención al cliente y la razón por la cual insisto tanto en decir que atender no es lo mismo que "atender bien".

Cuando se brinda atención al cliente con **sentido de arte supremo**, el desempeño profesional no pasa desapercibido. La razón principal es que el artista influye en el estado de ánimo, vence la indiferencia, la monotonía, el descuido, la rutina. El trabajo se destaca más porque es superior al trabajo común y corriente y al trabajo promedio que hacen las personas que "les da igual", sin interés, o que trabajan amargadas con lo que hacen.

Si al atender a los clientes no eres uno más del montón, sino que brillas por **tu espíritu** de ayuda y colaboración, entonces tus supervisores y colegas te notarán y querrán tenerte cerca de los trabajos y proyectos importantes. Debido a tu notable disposición, seguramente buscarán ofrecerte más responsabilidades laborales... Así surgen las oportunidades de crecimiento profesional, las cuales, por cierto, nunca parecen oportunidades. No son evidentes. Es más fácil percibirlas cuando tienes claridad que tu principal compromiso profesional es contigo y tu trabajo.

Esto del compromiso quizás lo veas mejor a través de la historia de Manuel, un joven entusiasta y enamorado de la carrera que había estudiado. Una vez graduado encontró una oportunidad de trabajar en una empresa estable.

"El salario era bajo, pero estaba aprendiendo mucho y disfrutaba lo que hacía. Me sentía motivado por eso. En esos días ponía mucho empeño en el trabajo. Sabía que mis habilidades crecían y mis fortalezas profesionales también", recuerda Manuel.

"Cuando comencé a trabajar, no tenía mucho tiempo para socializar. Pero después de un tiempo, la gente a mi alrededor me ofreció su amistad. Sin embargo, para ellos yo trabajaba 'muy duro' en comparación con lo que ganaba".

"Los compañeros siempre me decían: 'Lo que ganas no es justo por todo lo que haces'. Pero yo me sentía bien. Podía cubrir mis necesidades básicas y estaba aprovechando la oportunidad que me habían dado. Ganaba mucho más en experiencia y preparación. Eso era clave para mi futuro y me motivaba".

"No obstante, no recuerdo bien cuándo comencé a sentir que el compromiso con mi trabajo era insensato. Entonces, en algún momento empecé a enfocarme más en lo que estaba mal de las condiciones laborales que en lo que estaba bien".

"Junto con mi motivación, la calidad de mi trabajo disminuyó. Poco a poco, la dedicación y la energía de mi desempeño también se hizo menor. Cada vez me preguntaba con más frecuencia: ¿Por qué darle tanto a esta empresa que me pagaba tan poco?".

"Un día llegaron dos nuevos empleados para un proyecto en el que yo quería estar —continuó Manuel, recordando con nostalgia— y eso me hizo sentir muy mal. Mi supervisor me dijo que me habría incluido en el proyecto de no haber perdido la motivación que una vez tuve en el trabajo".

"Sin darme cuenta, había abandonado toda la motivación y mi actitud había dejado de ser divertida".

"Eso fue hace 2 años. No hace mucho me di cuenta que había perdido el trabajo que me daba una entrada económica y un camino para mi carrera profesional. Ahora sé que me despedí yo mismo el día que detuve la motivación y el compromiso conmigo".

"Tenía algo bueno y lo perdí cuando comencé a enfocar mi energía y creatividad en la parte medio vacía del vaso en vez de la parte medio llena."

Después de leer esta historia, ¿qué le dirías a alguien como Manuel si lo conoces en la fase de sus primeros días de trabajo?

Si tomas el caso de Manuel como ejemplo, y sientes que no recibes un pago justo por lo que haces, debes buscar algo mejor rápidamente. Pero mientras tanto, mantén el compromiso con tu trabajo y tus clientes. Ese es tu negocio como profesional, y tu fuente de oportunidades.

Ventajas económicas

Quizás esto te parezca obvio, pero justamente por eso vale la pena recordarlo. Lo obvio lo solemos dar por sobrentendido y no son pocas las veces que terminamos ignorándolo.

Desde el punto de vista financiero, atender correctamente desde un principio genera **menos costos**. De esta manera se evita invertir recursos en solucionar quejas y reclamos que surgen porque en el inicio de la relación:

• No se proporcionó **toda la información** que el cliente necesitaba para disfrutar apropiadamente del producto o servicio que adquirió o,

• No **se validó eficazmente** que el cliente realmente comprendiera las condiciones fundamentales de su compra.

Adicionalmente creo que este **pecado original** típico en atención y servicio, en cierta medida tiene que ver con el enfoque intrínseco de la expresión "cerrar la venta".

Comparto totalmente la inquietud y urgencia por "concretar" las ventas, pero tengo la certeza de que la palabra "cierre" no ayuda a tener una visión más apropiada del servicio y la atención. En atención al cliente y ventas, el trabajo más exigente, con nivel de Grandes Ligas, suele ser el que viene después de que la gente paga. Es lo que también se conoce como *la posventa* o el seguimiento.

Una queja frecuente de las personas que trabajan en los departamentos de soporte técnico o de reclamos, es que la mayoría de las situaciones que atienden son consecuencia directa de la *"desinformación"* de los clientes cuando adquirieron el producto o servicio.

No son pocos los casos de vendedores que, desesperados por "cerrar" un negocio, no son cuidadosos con toda la información que deben proporcionar. Ni son pocas las veces en las que la gente de las áreas de atención al cliente da información incompleta para buscar "salir rápido" de las personas que atienden, especialmente si no les caen bien o son muy quisquillosas.

Asegúrate de que la parte inicial del proceso de atención al cliente en tu empresa funcione muy bien, e inmediatamente obtendrás un porcentaje de *rentabilidad adicional* muy interesante para tu negocio.

Sigamos con los números...

¿Cuánto cuesta que un cliente *recompre* tus productos y servicios?

Ten en consideración que cuando a los clientes se les pregunta por qué se mantienen **leales** a una empresa o una marca, la calidad de atención siempre está entre las 3 primeras razones.

Supongamos que el costo de obtener un nuevo cliente es 100. Entonces, el costo de que un cliente recompre es sólo una fracción de esos 100. Esa fracción está formada por el costo de producir el producto o el servicio; el costo de la publicidad de mantenimiento; los costos de la plataforma de servicio al cliente (infraestructura, tecnología, etc.) y el costo laboral de quienes atienden al cliente.

Como puedes ver, hablando en términos económicos, **conservar los clientes** existentes y hacer que recompren suele ser la estrategia de mayor rentabilidad para cualquier negocio.

En otras palabras: **Los clientes más rentables** son los que han recibido mejor atención.

Adicionalmente, las empresas que proporcionan atención y servicio con un nivel artístico, generan **clientes fanáticos**, que son aún más rentables que los clientes satisfechos:

• **Recomiendan** la empresa a familiares y amigos, o la defienden de críticas con más pasión que los propios empleados, y con más credibilidad que la propia empresa.

• **Compran** una franela, una gorra, u otras prendas con el logotipo de la marca, para lucirlas con orgullo porque son uno de sus clientes, con lo cual también le hacen publicidad gratuita al negocio.

• **Comparten** sus experiencias con la marca en los sitios web de redes sociales. Son capaces de hacer grupos de fanáticos en Facebook, se vuelven seguidores de buena influencia en Twitter y publican videos en YouTube utilizando y disfrutando la marca.

Si en las empresas hubiera más claridad financiera sobre el buen negocio que significa atender clientes artísticamente, tendrían una visión del tipo *"no buscamos clientes satisfechos sino fanáticos"*.

Pero la mayoría de las empresas casi siempre dicen en su enunciado de visión que quieren ser "líderes". Imagino que en muchos casos se supone que la obtención de clientes fanáticos está implícita en el liderazgo. Lo entiendo y puede ser cierto. Sin embargo, conviene estar consciente de lo siguiente sobre el liderazgo: Una empresa puede ser líder porque sus competidores son **peores**. Una condición que no genera clientes fanáticos.

Una empresa también puede ser líder por su tamaño, lo cual le da la ventaja de tener presencia en más lugares y estar más cerca de sus clientes. Pero si la calidad de atención que da no es extraordinaria, tampoco generará fanáticos. Los clientes podrían estar simplemente resignándose a la falta de **competencia**.

Igualmente, una empresa puede ser líder porque sus productos son los más **baratos**. Sin embargo, lo barato casi nunca genera fanáticos y, en la mayoría de los casos, sus clientes son los más desleales: tienden a ser solamente fieles al precio y no a la empresa ni a sus marcas.

Un buen ejemplo del nivel de fanatismo al que pueden llegar los clientes es el caso de Apple. Cuando esta empresa anunció el lanzamiento al mercado de su teléfono **iPhone**, muchos de sus clientes hicieron colas de hasta 2 días en las puertas de sus tiendas para ser los primeros en adquirirlos. Este suceso, como fenómeno de opinión pública, generó más publicidad gratuita que la invertida por la empresa para promocionar el producto.

Hay que agregar que las empresas que se dedican a tener **clientes internos fanáticos** (empleados) también suelen obtener importantes beneficios financieros:

• Su rotación de personal es menor y esto conlleva a importantes ahorros de costos.

• Al permanecer más tiempo en la empresa, el personal consolida el **capital intelectual** y el "saber hacer" de la organización (conocimientos, habilidades y experiencia).

• Los equipos de trabajo son mucho más productivos.

• Los empleados atienden mejor a los clientes y convierten el negocio en un **círculo virtuoso** de satisfacción.

Las empresas más admiradas en el mundo se caracterizan por tener claras estrategias en el largo plazo para fortalecer el compromiso de sus empleados. Así consiguen que ellos sientan **más lealtad** hacia la organización y que su desempeño sea mucho mejor.

En otras palabras, tener claras estrategias gerenciales para atender bien a los clientes internos también es un negocio sin desperdicio.

En el capítulo anterior pudiste apreciar los notorios beneficios económicos de atender con nivel artístico, desde el punto de vista de costos operativos y ganancias.

Ahora quiero mostrarte las **ventajas adicionales** del negocio de la buena atención, si se proyecta específicamente como una estrategia de mercadeo y publicidad:

• Más efectividad con los prospectos (clientes potenciales).

• Más efectividad para concretar ventas.

• Mejores ventas adicionales.

• Genera lealtad y fanatismo.

• Genera publicidad gratuita y efectiva.

• Es el medio publicitario más barato.

• Efectividad comunicacional superior.

• Refuerza el valor de la publicidad.

• Su impacto puede cuantificarse mejor.

• Mejor diferenciación de la competencia.

Estas son suficientes razones para estructurar cualquier estrategia de mercadeo y publicidad, teniendo la atención al cliente como uno de los pilares esenciales.

En este caso, por estrategia me refiero a un **plan integral de comunicaciones** para influir positivamente en la percepción de los diversos públicos o audiencias de una empresa, en función de generar más ventas y desarrollar una cartera de clientes más leales y rentables.

En las siguientes páginas voy a mostrarte los detalles de cada fortaleza. Después de leerlos es fácil concluir que atender clientes artísticamente puede ser la estrategia de comunicación que brinde más resultados a menor precio y, sin duda, la más sustentable.

En el mundo del mercadeo y las ventas, un **potencial comprador** es un cliente "prospecto". Atenderlo con excelencia siempre hace que éste sienta mejor disposición hacia la persona o la empresa que le ofrece un producto o un servicio.

Un cliente que se siente atendido con dignidad artística, siempre prestará más atención, escuchará mejor y sentirá más inclinación a comprar frente a un profesional que le proporciona un trato excepcional.

Ten presente que a través de los productos y servicios, los clientes compran emociones, sensaciones, experiencias, ideas, percepciones.

Antes del producto o servicio, el prospecto compra la imagen y la sinceridad de quien lo atiende y lo que le hace sentir con el trato que le da. Compra lo que percibe de ti a través de tu forma de trabajar y atenderlo, rasgos esenciales que definen tu nivel de profesionalismo.

En este sentido, quien atiende artísticamente, bien sea cara a cara o por teléfono, siempre tendrá más **poder de crear interés** en un potencial cliente que cualquier otro canal publicitario.

12 | Más efectividad para concretar ventas

Las buenas campañas publicitarias hacen que la gente llame por teléfono o vaya hasta una tienda para más información o para adquirir lo que le ofrecieron en la publicidad. Sin embargo, en una gran cantidad de casos de productos y en la mayoría de los servicios, será la atención al cliente *"el medio"* a través del cual se concrete la venta y el mantenimiento del cliente.

Cuando esto se desconoce o se subestima, el resultado es que en el día a día de un negocio **se pierden** muchas ventas. No son pocas las veces que las personas que atienden a esos clientes interesados no tienen suficiente formación profesional para atender bien, o simplemente no les gusta lo que hacen y no se sienten dignos al servir a otras personas.

En otros casos, la empresa no ha cultivado una cultura orientada a la atención. También se pierden clientes que son *"peloteados"* por empleados que dicen: "eso no es en este departamento" o "eso no es conmigo".

Sin embargo, en donde brindan atención artística suele haber gran claridad sobre la **correlación** entre calidad de atención al cliente y ventas.

Mejores ventas adicionales

Cuando nos concentramos en atender con profesionalismo, siempre vendemos mucho más con el mismo esfuerzo. Esto se debe, principalmente, a que logramos ver y comprender mucho mejor el alcance de las necesidades, las aspiraciones y las condiciones de cada cliente, evitando las generalizaciones y el efecto negativo de las etiquetas y los prejuicios.

Cuando estamos debidamente conectados con quien atendemos, nos resulta más fácil ofrecerle productos o servicios complementarios a los que nos solicitaron, o alternativas y opciones cuando nos piden algo que en ese momento no disponemos.

Hay que reiterar enfáticamente que la venta de productos y servicios adicionales o complementarios, también significa *más ingresos con menos costos*.

Cuando atendemos con profesionalismo, con auténtica voluntad de ayudar, construimos la confianza necesaria para que el cliente nos escuche todas las recomendaciones que le ofrecemos. Gracias a la atención con nivel artístico, el mismo esfuerzo de venta rinde más y mejor.

14 | Genera lealtad y fanatismo

Es verdad, hay clientes que se hacen leales a unas marcas. Pero cuando ocurre, la lealtad suele ser superior hacia las personas que los atienden. Cuando la atención y el servicio es "fuera de serie", los clientes se hacen **intensamente fieles** a esa persona que las hace sentir únicas y especiales.

Muchas personas que no comprenden bien el **impacto humano** de la buena atención, suelen argumentar que a los clientes lo que más les importa es el precio. Es probable que eso ocurra en ciertos casos de productos que los clientes adquieren sin que reciban atención, o cuando no tienen preferencia por una marca específica.

Pero los clientes que valoran más el precio, casi nunca son leales a una marca. Cuando se trata de servicio, muchos clientes llegan a cambiarse de proveedor por uno que les cobra más o está más distante, pero que los atiende sustancialmente mejor.

De esto es que estamos hablando cuando nos referimos a lealtad, la cual desemboca en **"fanatismo"**, que se produce cuando la buena atención es consistente en el tiempo, indistintamente de las circunstancias.

¿Existe algún medio publicitario más efectivo que los propios **clientes satisfechos** que hablan de la excelente atención y servicio que recibieron en un momento determinado?

Por muy creativo y sorprendentemente producido, ¿puede un anuncio publicitario tener la misma **credibilidad** que tienen los clientes que hablan de sus experiencias prácticas como consumidores?

La publicidad más poderosa siempre ha sido y seguirá siendo la que hacen las personas que hablan de cómo han sido tratadas por personas, empresas o instituciones públicas. Lo hacen cara-a-cara, por teléfono o por escrito, tanto en privado como en espacios públicos y masivos.

La razón es simple: quienes escuchan a alguien que no recibe pago por parte de una empresa anunciante, saben que esa persona es **imparcial** y más objetiva al hablar de un producto o un servicio. Por eso tiene más credibilidad que un anuncio publicitario que sólo hace promesas.

Cuando han sido atendidos de manera especial, con excelencia artística, los clientes nos recomiendan con otras personas y hablan bien de nosotros, cada vez que pueden. Nuestra **reputación** se expande "de boca en boca", algo que ocurre con más fuerza aún por el alcance de las redes sociales y la Web 2.0.

Un cliente fanático vende los productos y servicios mucho mejor que la propia empresa y sus vendedores, porque da un *mejor testimonio* de los beneficios que verdaderamente ha obtenido y disfrutado.

Los clientes potenciales confían más en otro cliente, porque se trata de alguien que ha probado con su propia experiencia la promesa de las empresas privadas o instituciones públicas.

La buena publicidad tradicional puede hacer que la gente hable mucho de una marca, que se aprenda un eslogan y tararee el pegajoso estribillo de un *jingle*. Pero la *fuerza, credibilidad e influencia* que tienen los testimonios de los clientes es insuperable.

Algunas de las marcas contemporáneas más conocidas y valiosas del mundo, se hicieron famosas sin invertir dinero en publicidad tradicional. Se enfocaron en generar la recomendación de los clientes satisfechos de sus servicios. Tal es el caso de Google, Amazon, Wikipedia, Starbucks, Facebook, entre otros.

La atención la brindan los empleados de la empresa, y ellos ya cobran un sueldo por eso.

Pero para que ellos den buena atención y generen publicidad gratuita por parte de los clientes, se necesitan *tres líneas de trabajo*:

1. Verdadera formación profesional y artística sobre la atención y el servicio al cliente.

2. Ser tratados dentro de la empresa como clientes internos (especialmente por sus jefes), con la misma calidad que se busca que ellos proporcionen a los clientes externos.

3. Que la empresa promueva una cultura de atención y servicio al cliente, caracterizada por valores de excelencia personal y profesional.

Si las empresas invirtieran más recursos en estas tres líneas de trabajo, convertirían la atención y el servicio en unas *poderosas herramientas* de mercadeo y ventas, cuyos costos principales ya son parte de los costos operativos.

Los costos de formación profesional y los costos de reconocimiento de las buenas prácticas en atención, siempre han sido y siempre serán sustancialmente menores que los costos involucrados en la producción y difusión de anuncios publicitarios en medios masivos.

Por supuesto, muchos gerentes piensan que la **formación del personal** no es buen negocio, si éste rota mucho. Pero lo que desconoce este enfoque gerencial es que cuando la formación es parte de un plan para cultivar y mantener en el tiempo una cultura orientada a la atención y el servicio del cliente, los resultados son distintos.

Las organizaciones que dedican un esfuerzo sistematizado a construir y consolidar su propia cultura, de acuerdo con valores y conductas concretas, saben que esto le da a la formación una proyección en el tiempo superior a la que producen los cursos puntuales y aislados.

En otras palabras, cuando hay un plan de formación dirigido a **generar cultura de atención**, la rotación del personal disminuye (y sus consiguientes costos). También aumenta la productividad, porque la gente se conecta con una visión de futuro de la organización mucho más estimulante e inspiradora, a la vez que la organización ofrece un trato excepcional a sus empleados y los convierte en co-partícipes de los logros.

La publicidad masiva, por muy segmentada que sea, siempre es más indiscriminada que la **_atención personalizada_** al cliente. Por lo tanto, con cada persona atendida con excelencia hay más potencial de efectividad comunicacional.

Sin dudas, los medios masivos de publicidad tienen un alcance infinitamente mayor al de la atención personalizada. Pero por la misma razón, también tienen mucho más **_"desperdicio"_**.

Es decir, una campaña tradicional de publicidad a través de medios masivos de comunicación puede llegar a muchísimas más personas que las que se buscan, desean o necesitan.

Ilustremos esta afirmación con un ejemplo: una valla en la autopista sobre cosméticos para damas también será vista por hombres y niños que no tienen ningún interés en adquirir esos productos. Así que ellos representan un grado de desperdicio de este medio publicitario.

No obstante, las empresas grandes, de productos o servicios de consumo masivo, tienden a beneficiarse mejor de los medios publicitario de gran escala, aunque no sean personalizados. Pero las pequeñas y medianas organizaciones, las micro-empresas, y los profesionales independientes tienen mucho más que ganar con una estrategia de atención directa, **_"uno-a-uno"_**.

La atención personalizada tiene más impacto emocional y racional en los clientes porque implica un esfuerzo más focalizado y concentrado. Razón por la cual la atención y el servicio, como canales de publicidad, pueden tener mucha *más efectividad* comunicacional que otros medios.

Adicionalmente, los clientes que reciben una atención personalizada excelente, no requieren de *publicidad extra* para ser leales y volver a comprar una y otra vez. El trato individualizado que reciben es el medio fundamental que nutre la relación de ellos con la empresa y sus marcas.

En otras palabras, el costo publicitario de mantenimiento de los clientes puede ser mucho menor, si la empresa se dedica a *fortalecer y mantener* sus competencias de atención al cliente en todos sus canales de servicio.

Además de la calidad del producto, el trato que recibe el cliente a través de los diferentes canales de servicio es lo que mejor define su *experiencia* con la empresa, es lo que más lo marca emocionalmente y lo que más recuerda.

La intensidad de la experiencia directa del trato, junto a los beneficios tangibles del servicio o producto, siempre es sustancialmente superior a la "experiencia" que produce la publicidad en medios masivos de comunicación.

Por muy fantástica que sea la publicidad, siempre es una *promesa*, sometida a prueba cuando el cliente consume lo que compra, y por la forma en que es tratado en todo el proceso de interacción con la empresa anunciante.

Desde esta perspectiva, la publicidad indiscriminada o despersonalizada es un arma de *doble filo*, especialmente cuando los clientes contrastan lo que le prometen con lo que realmente reciben en la práctica.

Así pues, si reciben una calidad de atención y servicio extraordinarios, los clientes ratificarán la grata experiencia que vivieron cuando encuentren la publicidad de medios masivos.

Pero si es al revés, y la calidad de atención y servicio es deplorable, el cliente sentirá que los anuncios publicitarios que ha visto o escuchado son una oferta engañosa o pura *demagogia* por parte del anunciante.

Las empresas obtendrán más credibilidad hacia sus anuncios publicitarios, si éstos están respaldados por una excelente atención y servicio en los **canales de interacción directa** con los clientes. En consecuencia, la rentabilidad de la inversión publicitaria también será mayor.

En otras palabras, mientras mejor es la calidad de atención y servicio al cliente de la organización, **más rendimiento** tiene la publicidad. De lo contrario, puede tener un efecto búmeran: los clientes se decepcionan mucho más cuando la publicidad los induce a buscar una oferta, pero son maltratados cuando llegan hasta los predios del anunciante.

En cambio, los clientes que se volvieron fanáticos por la atención y el servicio, hasta **agradecen** la publicidad que les proporciona novedades y los mantiene al día con promociones especiales.

Para cuantificar de manera precisa los clientes que una empresa logra concretar por los **efectos directos** de una campaña publicitaria, generalmente se requieren mecanismos más o menos sofisticados y costosos.

Sin embargo, las empresas que no hacen publicidad en medios masivos, sino que se concentran en canales de mercadeo directo, "uno-a-uno", **logran medir** su efectividad comunicacional de manera más simple y económica: con cada cliente atendido evalúan la efectividad inmediata de sus estrategias de comunicación y ventas.

La atención directa de los clientes proporciona la oportunidad de poner a prueba, en el acto, si los mensajes de la empresa son comprendidos y tienen suficiente capacidad de **persuasión**.

Ojo, no estoy diciendo que los resultados de los anuncios publicitarios no pueden cuantificarse. Digo que cuantificar el impacto de la atención al cliente es más fácil, rápido y económico.

Las empresas que conocen bien estas ventajas, no desperdician ninguna oportunidad para hacerle **preguntas** a los clientes que les permitan hacer mejoras inmediatas: "¿qué le gustaría que mejoráramos para que usted esté más contento con nuestro servicio?"; "¿qué le pareció el servicio que le dimos hoy?".

Estas preguntas son sólo dos ejemplos que permiten *cuantificar el impacto* de la atención y aprovechar las respuestas en el momento, sin necesidad de demasiada burocracia.

Recuerdo la oportunidad en que ayudé a una empresa a encuestar a 2.000 clientes que visitaron su tienda. Sólo hicimos 5 preguntas simples, y una de ellas fue: "¿qué es lo que menos le gusta de nuestra tienda?".

Sabía que este tipo de pregunta debe "venderse" al cliente que se entrevista. De lo contrario es fácil que la evada. Así que nos preparamos bien para insistir con delicadeza, y encontramos que al 11% de los visitantes la tienda le resultaba calurosa.

Después de aquella encuesta no se hizo ningún cambio físico en la tienda, no se instaló aire acondicionado, ni se hicieron ajustes en los procesos de servicio: decidieron mejorar sustancialmente *la calidad de la atención* que brindaba el personal en todas las áreas. Después de un mes, con otros 2.000 encuestados, el calor no apareció entre las quejas de los clientes y las ventas aumentaron.

Sí, lo que estoy afirmando es que la atención al cliente con nivel artístico impacta tanto que es capaz de *influir positivamente* y cambiar las percepciones de la gente sobre las "molestias" del entorno. Pero antes, es necesario tener una disposición e interés especial para preguntarles a los clientes sus opiniones, valorarlas y cuantificar sus respuestas de manera práctica.

Así mismo, la atención al cliente es el único medio que tiene cualquier empresa para encontrar rápidamente *oportunidades* de hacer mejoras en sus productos: los clientes insatisfechos o molestos se quejan (de manera directa o indirecta) a través de los diversos canales de interacción que disponen.

Si tu organización tiene una cultura orientada a lograr la excelencia en atención y servicio, entonces sabes valorar las quejas y los reclamos al punto de considerarlos *regalos*. Cuentas con sistemas simples para cuantificarlos y aprovecharlos de inmediato para mejorar y hacer innovaciones.

Si no tienes esta cultura, inventarás complicados "estudios de mercado" para que otros te digan con láminas de Power Point lo que los clientes ya te dicen gratuitamente, todos los días.

20 | Mejor diferenciación de la competencia

En una economía globalizada, los productos y servicios tienen la tendencia irreversible a parecerse. Inclusive, algunos nacen en las mismas fábricas de Asia, y sólo se diferencian por la marca (el nombre y el logotipo).

Una de las consecuencias de esta semejanza creciente es que a los clientes cada día **les cuesta más diferenciar** las características y beneficios entre productos de un mismo género. Como resultado, tampoco logran entender los precios y no les suele ser fácil decidir cuál comprar o a cuál ser fiel.

Sin embargo, la calidad de la atención de las empresas sigue siendo el aspecto diferenciador de mayor **impacto y recordación** para los clientes en casi todos los mercados.

Hoy, en el proceso comercial, las marcas de productos y servicios terminan en las manos de los empleados que atienden, bien sea cara-a-cara, por teléfono o por escrito. Son ellos los que más influyen en la percepción final de los clientes, que buscan información sobre esos productos y servicios, o los adquieren, necesitan servicios posventa o productos complementarios.

El nivel profesional del trato de los empleados puede llegar a tener más impacto en los clientes que la propia calidad del producto o servicio. Razón por la cual la atención al cliente es un poderoso recurso de **distinción**.

Es decir, productos y servicios pueden tener similitudes frente al gusto de los clientes, pero la forma en que los profesionales de una organización brindan atención puede hacer la diferencia más importante.

Quizás las empresas de servicios tienen un poco más de claridad sobre este hecho que las empresas que fabrican productos, pero ambas necesitan comprender el fundamento: Las personas pueden llegar a olvidar lo que les dicen o les dan, pero *nunca olvidan lo que les hacen sentir con la manera de atenderlas*.

En otras palabras, los clientes se emocionan con productos o servicios satisfactorios, pero lo que más puede impresionarlos es la forma en que son tratados por quienes los atienden.

Esto explica por qué empresas pequeñas, sin presupuesto de mercadeo y publicidad, llegan a tener sólidas carteras de clientes y se diferencian sustancialmente de sus competidores, aunque estos sean más grandes.

21 | ¿Y las instituciones públicas?

Si convierten la ***atención al ciudadano*** en un pilar de su cultura organizacional, las instituciones de servicio público pueden obtener los mismos beneficios que las mejores empresas, en términos de productividad, eficiencia y prestigio.

Pero esto requiere que hagan un esfuerzo para ***dignificar socialmente*** el valor y la importancia del funcionario público, cuyo trabajo frecuentemente es calificado como sinónimo de burocracia, ineficiencia, lentitud, indolencia y corrupción.

Sabemos que esa fama tiene sus fundamentos políticos. Pero sin dudas también existen profesionales de la administración pública que no merecen esos ***prejuicios***. Son funcionarios de carrera y tienen un compromiso diferente con sus labores profesionales.

Si los buenos empleados públicos son o no una minoría no es lo más relevante en este libro. Más relevante es la urgente necesidad de que los trabajadores del Estado mejoren el trato que dan a los ciudadanos. Nosotros contribuimos a generar su sueldo a través de los diversos impuestos que pagamos al Estado. Por lo tanto, merecemos mejores servicios y atención.

Sin embargo, que nos traten mejor no va a ocurrir porque un gobierno lo decrete. La calidad de atención que te da una persona que trabaja en un ministerio o en cualquier otra institución pública **no puede ser impuesta** por una ley o una orden política del gobernante.

Un empleado público, o de cualquier empresa, pudiera ser "obediente" con las funciones de la organización en la que trabaja y cumplir con sus responsabilidades laborales. Pero eso no significa ni garantiza que llegue a brindar buena atención y servicio al cliente. La forma de atender depende completamente de su **decisión personal**, lo cual sí está supeditado a la dignidad que sienta por ser un servidor público.

Si la sociedad en su conjunto lo sigue estigmatizando como burócrata, ineficiente y corrupto, es muy poco probable que llegue a sentir un deseo especial de brindar buena atención. Con estas **"etiquetas"** somos los ciudadanos quienes más perdemos con la calidad de los servicios públicos que recibimos.

No estoy diciendo que no debemos ser exigentes de un mejor servicio y atención cuando sea necesario. Pero reclamar este derecho es diferente a condenar a los trabajadores del Estado con una etiqueta.

Las instituciones públicas tienen la oportunidad de **dignificar socialmente** el valor y el significado del servidor público. Entre otras cosas, proporcionándole entrenamiento profesional en materia de atención al cliente.

No es una casualidad que los países más desarrollados y con mayor calidad de vida tengan mejores servicios públicos y mejor atención al ciudadano. Son elementos básicos de un círculo virtuoso.

Cuando cada empleado público ve con más honradez, honestidad e integridad el trabajo de servir a la gente, en esa medida también lo proporcionará. De esta manera, él, tú y yo salimos ganando en cuanto a calidad de servicios públicos y, en consecuencia, de vida.

Con esta visión de la atención y el marco cultural que implica, las instituciones públicas pueden convertirse en **significativas palancas** de desarrollo social y económico.

Un buen ejemplo de este potencial lo puedes constatar en el mundo de las organizaciones sociales sin fines de lucro.

Tal es el caso de "Fe y Alegría", en Venezuela. Una institución cuya cultura (filosofía) de atención y servicio le ha permitido establecer y expandir **colegios excelentes y dignos** en las zonas más pobres de todo el país. Una extraordinaria labor de formación que ha realizado por más de medio siglo, con menos o iguales recursos económicos que otras instituciones educativas gubernamentales y privadas.

Igualmente, casos como los de la Cruz Roja o los Boy Scouts, son ejemplos de organizaciones civiles internacionales, independientes, que se destacan por la eficiencia operativa que se consigue cuando sus integrantes **comprenden y asumen** el ayudar a la gente como un asunto cultural, de valores y de vida.

Cuidado, no me estoy refiriendo con estos casos a ejemplos de altruismo o lo que estereotipadamente se suele llamar "vocación de servicio". Con estos ejemplos quiero mostrar que las instituciones pueden desarrollar una **cultura de atención y servicio**. Para lo cual necesitan un esfuerzo sistematizado y constante, para definirla, enseñarla, cultivarla y mantenerla en el tiempo.

Algunos individuos pueden tener vocación de servicio, pero esta no es la base fundamental para una cultura institucional. A las organizaciones les toca **establecer y cultivar** sus propios valores. Es decir, deben desarrollar los principios y conductas específicas que esperan de sus miembros y por las cuales ellos son evaluados y retribuidos. Esos principios constituyen la base de una sólida cultura organizacional.

Por otro lado, si los **valores** no son comunicados de manera pertinente y sistemática, es como si no existieran. Cuando estos valores no están formalmente definidos y practicados en conductas, las organizaciones terminan asumiendo intuitivamente la cultura de sus líderes.

Si los líderes tienen buenos o malos hábitos es otra cosa. Pero cuando rotan, como ocurre especialmente en la administración pública, la cultura organizacional se vuelve muy inestable. Como consecuencia, tú y yo recibimos servicios públicos muy deficientes.

Las instituciones públicas que brinden a sus miembros **formación profesional** en atención al cliente, y aprovechen la experiencia cultural de organizaciones no gubernamentales o instituciones privadas exitosas en esta materia, pueden hacer una gran diferencia para los ciudadanos y la sociedad.

No es casual que los países con mayor calidad de vida tengan mejores servicios públicos y mejor atención al ciudadano: los beneficios que se obtienen del ***buen vivir en comunidad*** son incuestionables.

Sobre esto hay un caso muy particular que demuestra lo que puede llegar a ocurrir cuando las personas se "nutren" unas a otras con buena atención, con el claro propósito de lograr una excelente ***convivencia*** comunitaria.

Se trata de un pequeño y modesto pueblo al este del estado Pennsylvania, USA, llamado Roseto. Fue fundado en 1882 por inmigrantes procedentes de una aldea italiana con el mismo nombre.

El "Efecto Roseto" comenzó a conocerse en el mundo gracias a las investigaciones de los profesores de la Universidad de Oklahoma, Stewart Wolf y John Bruhn. Algunos de los datos sobre este pueblo son verdaderamente sorprendentes: Por ejemplo, ***durante 50 años***:

• Ningún rosetano menor de 55 años murió por ataque al corazón ni mostró ninguna enfermedad cardio-vascular.

• El porcentaje de rosetanos mayores de 65 años con enfermedades del corazón fue sólo la mitad del resto de USA.

• Su índice de mortalidad también era la mitad del de los pueblos vecinos, y la mayoría fallecía por vejez.

• No conocían los suicidios, el alcoholismo o la adicción a las drogas.

• Los rosetanos también desconocían completamente el desempleo y las úlceras estomacales.

• Tenían casi cero de criminalidad.

Por supuesto, Wolf y Bruhn, médico y sociólogo respectivamente, exploraron varias hipótesis sobre el origen del notorio **bienestar colectivo** en Roseto.

Primero se dieron cuenta de que la salud de los rosetanos no era una consecuencia de su dieta diaria. Habitualmente comían muchas grasas y dulces.

Además, nadie en el pueblo practicaba yoga ni hacía ejercicios aeróbicos. Por el contrario, fumaban mucho y una buena parte de la gente era muy obesa.

¿Entonces era un asunto genético?... Tampoco. Los investigadores rastrearon en otros lugares a inmigrantes del mismo pueblo de Italia y estos no gozaban de la misma salud que sus paisanos de Pennsylvania.

¿Serían las características geográficas de la zona o del pueblo lo que originaba esos niveles de bienestar? A sólo 5 kilómetros de distancia hay dos pueblos vecinos, Bangor y Nazareth. Son muy similares a Roseto. Sus pobladores también son inmigrantes europeos muy trabajadores. Pero los informes médicos muestran que tenían 3 veces más fallecimientos por enfermedades del corazón.

Entonces Wolf y Bruhn comenzaron a darse cuenta de un aspecto que no era obvio: El alto sentido de **integración comunitaria** que tenían los rosetanos y la forma en que se trataban y brindaban atención entre ellos mismos.

Por ejemplo, encontraron que tenían 22 organizaciones cívicas. Lo cual es muy relevante, tratándose de un pueblo de menos de 2 mil personas.

En la mayoría de los hogares vivían 3 generaciones y cultivaban un gran respeto por los ancianos.

La vida social en Roseto era muy intensa y la religiosa también. Sus pobladores habían creado una poderosa estructura social que los protegía de las típicas presiones de la vida contemporánea. No tenían espacio para el característico aislamiento individual que genera el estrés y las frustraciones de la sociedad moderna.

Su **cultura de apoyo y solidaridad** comunitaria los ayudó a que los ricos no hicieran alarde de sus posesiones y los menos afortunados no se sumergieran en el letargo de sus fracasos. Eso era parte de sus valores sociales cotidianos y por eso se nutrían como personas, ayudándose los unos a los otros.

Cuando Stewart Wolf y John Bruhn presentaron sus investigaciones a la comunidad médica, fueron escuchados con predecible escepticismo. Para ese entonces, nadie se había atrevido a pensar sobre la salud y el bienestar como consecuencia del **trato comunitario** que las personas se dan en una sociedad.

La visión más convencional plantea que tu ser es producto, fundamentalmente, de tus genes, de lo que comes, de los ejercicios que hagas y de tus decisiones individuales o actuaciones aisladas. Todos estos aspectos son ciertos.

Sin embargo, Wolf y Bruhn demostraron que una comunidad puede beneficiarse a sí misma cuando sus integrantes **viven valores** de buena calidad de atención entre ellos.

El "Efecto Roseto" es una consecuencia social concreta derivada de darle significados positivos a vivir en comunidad, en colectivo, en equipo. Vivir en una **comunidad consolidada** proporciona más salud y calidad de vida a sus integrantes.

Es lo mismo que afirmé en el capítulo 6 de este libro, pero de manera colectiva. Atender bien es un "buen negocio" para tu salud y bienestar. O en palabras más simples: Si ayudas a otros atendiéndolos bien te ayudas a ti mismo.

Pero el impacto de esto, sin dudas, tiene un alcance mucho mayor: Si la sociedad le brinda buena atención a sus miembros genera una cultura de **bienestar colectivo**.

Esta reflexión me lleva a considerar un beneficio sociológico adicional: desde un punto de vista de comunidad y convivencia, la buena atención puede ser también un valor implícito en el respeto hacia los puntos de vista diferentes. En consecuencia, se podría decir que las sociedades que cultivan una cultura de tolerancia también amplían sus recursos y oportunidades de convivencia. Por eso son capaces de producir más bienestar y calidad de vida a más personas.

Para profundizar este tema, te sugiero que leas la introducción del libro de Malcolm Gladwell, "Los Fuera de Serie" (Título original en inglés: Outliers). Es un excelente resumen sobre "el misterio" del pueblo Roseto.

Si quieres más información sobre las investigaciones de John G. Bruhn y Stewart Wolf éstos son sus libros: *The Roseto Story y The Power of Clan: The Influence of Human Relationships on Heart Disease.*

También puedes ver casos comunitarios similares al de Roseto en otras partes del mundo, en el libro de Dan Buettner, *Blue Zone*, o en su sitio web http://www.bluezones.com.

Buettner también tiene un interesante video en TED.com sobre cómo vivir 100 años: http://bit.ly/c6gVHo

A lo largo de estas páginas he buscado mostrarte que atender clientes artísticamente, con excelencia y profesionalismo, es un negocio sin desperdicio. Tanto para personas, como empresas e instituciones públicas, grandes o pequeñas.

Inclusive, la sociedad tiene mucho que ganar si mejora la calidad de convivencia de sus integrantes, en donde la atención entre las personas es uno de los pilares claves.

Pero como en todo negocio, *¿cuáles son los principales obstáculos para lograr mantenerlo en el tiempo?*

Después de haber trabajado con centenares de empresas y decenas de miles de personas sobre el tema en las últimas décadas, creo que hay dos tipos de **barreras culturales** para el negocio de la atención artística de los clientes:

1. Obstáculos externos a las organizaciones, relacionados con distorsiones de lo que realmente significa la buena atención.

2. Obstáculos propios de una mentalidad gerencial que le cuesta comprender que se trata de un asunto cultural.

Obstáculos externos a las organizaciones:

Son prejuicios o complejos que influyen de manera negativa en *la actitud* de algunas personas cuando deben atender clientes.

Quizás por poca autoestima, o simplemente por tener una personalidad más introvertida, hay quienes piensan que no pueden brindar buena atención al cliente porque no son muy "espontáneos", "carismáticos" o "locuaces".

Otros también se privan de atender de manera especial a otras personas, porque piensan que se trata de un trabajo *servil*, o de "sirvientes".

Inclusive, hay quienes creen que después de haber realizado estudios universitarios o de mayor nivel, el atender clientes supone tener que "descender" como profesionales.

En estos casos se puede ver que hay una inadecuada interpretación de *la empatía* y su alcance, así como un claro desconocimiento de que la atención profesional de los clientes no tiene que ver con la personalidad de quien la proporciona, sino con su visión de sí mismo como persona y de su trabajo.

Creer que la excelencia en la atención y el servicio significa lisonjas, servilismo o sumisión, demuestra un desconocimiento notorio del propósito de la atención al cliente como arte supremo: transmitir aprecio verdadero por las personas e influir positivamente en ellas dándoles lo mejor de nosotros mismos.

Servir a las personas **con plenitud**, de manera espléndida, no nos hace sirvientes sino profesionales extraordinarios y nos convierte en mejores seres humanos. Las personas que saben atender a los clientes con actitud artística conocen lo que ganan a través de cada acto de buena atención. Ellas tienen conciencia de que nosotros mismos nos proporcionamos excelencia cuando atendemos a los demás con profesionalismo y arte.

Igualmente, **los prejuicios** de ciertos clientes también funcionan como obstáculos. Hay tanta mala atención en tantos lugares que mucha gente, cuando reciben atención artística, no confía en la sinceridad y honestidad de la misma.

En consecuencia, muchas de las personas que atienden se **inhiben** de tener más iniciativa: no quieren correr el riesgo de que un cliente sospeche de su honradez y terminan tratando a sus clientes con indiferencia y aspereza. Camino por el cual la atención artística no llega nunca a ser un excelente negocio.

Obstáculos internos de las organizaciones:

Existe una mentalidad gerencial que espera conseguir empleados que atiendan bien por **vocación**, de manera "espontánea", o que traigan esa competencia formada desde su casa.

Con este enfoque, las organizaciones no se dan cuenta de sus oportunidades para cultivar una **cultura de atención**, y se producen muchas distorsiones.

Por esta misma razón, con frecuencia encontramos que las personas que mantienen más contacto directo con los clientes, (en los pisos de venta, en las cajas de pago, en los centros de atención telefónica o en la recepción de las empresas), son las menos formadas en materia de atención profesional o son las que reciben los **salarios más bajos**.

En otros casos, hay una visión muy cortoplacista o muy parcial de la formación profesional, y las empresas sólo realizan cursos sobre atención al cliente que pretenden funcionar como **vacunas** de "buena actitud". Pero, los efectos de esos esfuerzos suelen ser muy limitados y se diluyen con rapidez. No ven con claridad que la cultura organizacional impacta directamente la **rentabilidad**. En consecuencia, muchas empresas no asumen las exigencias de la atención como un **reto gerencial** para construir su propia cultura y, por lo tanto, un asunto estratégico-financiero, de largo plazo.

Hay que tener presente que cultivar una cultura organizacional determinada depende de una clara intención de **alinear** en términos prácticos la misión (propósito esencial) con la visión de futuro (metas), con los objetivos específicos del negocio y sus valores (creencias esenciales y conductas esperadas).

En este sentido, la sustentabilidad de un negocio como el de la buena atención requiere de un auténtico compromiso por parte de sus líderes principales, para **asimilar nuevos paradigmas** de negocio y gerencia sobre:

• La atención a los clientes internos;

• El entrenamiento como negocio; y

• La supervisión como servicio.

En otras palabras, éstos son los 3 retos más importantes para formar una **cultura organizacional** orientada hacia la excelencia en la atención y el servicio al cliente.

Veamos estos nuevos paradigmas en detalle...

Paradigma 1: La atención a los clientes internos

¿En tu organización existe el compromiso de dar a los empleados la misma calidad de atención que se les exige tener con los clientes externos?

Mientras más **coherencia y consistencia** haya en la atención a clientes externos e internos, más sólidos serán los valores que dan sustentabilidad a la cultura de una organización. Si los clientes internos no se colocan en el mismo nivel de importancia que los externos, no hay manera de cultivar una cultura de excelencia profesional.

Este paradigma implica contar con un plan formal de **mercadeo hacia el interior** de la organización. Su propósito es "vender" los beneficios de asumir y vivir diariamente los valores específicos que permiten al talento humano cumplir la misión de la empresa, alcanzar su visión de futuro y lograr sus objetivos financieros.

Las empresas con claras estrategias de excelencia en la atención a los clientes internos, logran que sus empleados sientan **pasión** por su trabajo, por su organización, sus marcas y sus líderes, al mismo tiempo que desarrollan:

• Una **visión** de servir y ayudar a las personas como un asunto de vida, más allá de lo laboral.

• Mayor **disposición** para optar por un mejor desempeño como parte de la realización personal y profesional.

• Más **destrezas** de comunicación, soporte, atención y seguimiento;

• Más **conciencia** de su responsabilidad individual en la construcción de equipos de alto desempeño; y

• Más **claridad** sobre el valor económico de su trabajo cotidiano.

Con este sentido, *la atención de los clientes internos* debe ser vista como:

• Una estrategia para promover valores de excelencia entre los empleados y para alcanzar indicadores de sustentabilidad en el negocio

• Una inversión de negocio (sin desperdicio) para ofrecer servicios más competitivos y para diferenciarse mejor de la competencia; y

• Un emprendimiento gerencial para cosechar un ambiente de trabajo más productivo y especial.

Paradigma 2: El entrenamiento como negocio

¿Hay disposición en tu organización para convertir el entrenamiento en **un valor** de negocio, que esté integrado a la operación diaria del equipo?

El concepto tradicional de aprendizaje, como modelo de adquisición de nuevos conocimientos, tiene **limitaciones** en el proceso de formación sobre atención al cliente.

Atender bien a la gente con sentido de excelencia, requiere una energía y creatividad individual que sólo puede **mantenerse** con el tipo de práctica que se utiliza en el arte y en los deportes de alto desempeño. Esta visión de la "práctica" significa asumir la disciplina de ciertas actividades cotidianas de entrenamiento para refrescar hábitos básicos esenciales de buena atención. Es como una **calistenia mental** para recordar metas y valores específicos.

Se trata de ejercicios parecidos a los que practican las religiones, a través de sus rituales semanales para **ratificar objetivos y principios** que unen a su comunidad de creyentes.

La buena atención al cliente es una actividad profesional de interacción con personas, sometida a muchas **presiones y fricciones**. Implica rutinas que tienden a producir desgaste creativo y mecanización del trabajo. Algo que ocurre con más rapidez cuando se atienden a tantas personas con necesidades similares.

Pero hay que destacar que ese desgaste es independiente del dominio de conocimientos. Es normal que las personas tengamos la tendencia a subestimar y **dar por obvio** los aspectos básicos de lo que más dominamos. Como consecuencia, a veces pasamos por alto lo esencial en el desempeño cotidiano.

Esto explica por qué la mayoría de los errores laborales no ocurren por ignorancia sino por **exceso de confianza**. Lo cual a su vez explica por qué en el arte y en los deportes de alto desempeño utilizan la práctica como método de refrescamiento, más allá del aprendizaje.

Una cultura de excelencia no es el resultado de cursos que se hacen de vez en cuando, sino de un plan disciplinado que **integra la práctica** a la agenda diaria del trabajo, como lo hacen los artistas y deportistas de alto nivel.

Según este paradigma, el entrenamiento no es un complemento, sino una **parte esencial del negocio**.

Paradigma 3: La supervisión como servicio.

El liderazgo gerencial tradicional tiende a valorar más el logro de objetivos que la forma de alcanzarlos. Por eso el trabajo de supervisión suele tener **connotación** de control y autoridad.

No es habitual que los supervisores contemplen tiempo en sus agendas para brindar formación "hombro a hombro", o acercamiento humano integral, o desarrollo de **verdadera confianza** con sus supervisados y colegas.

Los modelos convencionales de supervisión no contemplan al supervisado como un cliente, sino como un colaborador. Pero este enfoque **no logra encender** la pasión laboral de los empleados, sino de manera excepcional.

En cambio, los supervisores que concentran sus esfuerzos en cultivar su **legitimidad** y generar **autosupervisión**, aumentan sustancialmente la identidad y la productividad en sus equipos de trabajo.

Cuando en vez de intentar controlar, el supervisor se orienta a proporcionar servicio, forma los valores necesarios para que sus supervisados se autosupervisen como parte esencial de su responsabilidad laboral.

Es este concepto de autosupervisión lo que justamente le da **sustentabilidad** en el tiempo a la cultura, porque esto sólo ocurre cuando se cultivan y entrenan sistemáticamente valores de excelencia personal.

Los paradigmas del "control" no comprenden que el liderazgo del **supervisor como servidor** se basa en el cultivo permanente de la confianza y el manejo de errores o desviaciones con redirección y disciplina positiva, lo cual a su vez fortalece la cultura de la autosupervisión de los clientes internos.

La mayoría de los supervisores, en todos los niveles, no saben bien cómo se modelan valores en el día a día y qué deben hacer para transmitir las conductas específicas que necesita su equipo para tener éxito.

Para que la cultura de la que estamos hablando sea un negocio sustentable, los supervisores deben asumir con sus clientes internos o supervisados los mismos compromisos de atención y servicio que tienen con los clientes externos. Asimismo, deben encabezar el plan de entrenamiento diario con su equipo de trabajo, el cual le proporcionará sólidas bases (credibilidad y confianza) para su liderazgo.

A manera de epílogo

Tomando en cuenta su amplia experiencia profesional en el mundo de las comunicaciones, la vocería, la gerencia de crisis de imagen pública y su devoción por la actividad educativa, le pedí a mi estimado amigo Francisco Andrés, (mejor conocido como "Patxi") un breve epílogo sobre este libro, y ha tenido la gentileza de escribir las siguientes líneas que enriquecen la reflexión sobre el tema:

De una forma sencilla y pragmática, Juan Carlos nos ilustra sobre el buen negocio que es **Atender clientes artísticamente**. Es bueno para las empresas, para las organizaciones sociales, para la gente que brinda la atención, y también para las audiencias que la reciben (clientes externos e internos, empleados, proveedores, comunidad, autoridades, etc.)

Además, es **buen negocio** porque es económico y efectivo para aumentar tu bienestar personal y tu retorno de capital en cualquier inversión relacionada con mercadeo, reputación y comunicación.

Claro está, atender bien es un arte que hay que aprender y practicar. Es una habilidad que se debe cultivar hasta el punto de convertirlo en una cultura individual de la excelencia, la cual siempre generará amplios beneficios para quien la desarrolle y la mantenga en el tiempo.

Ahora quiero llevarlos mucho más allá de estas afirmaciones simples y excelentes que nos comenta Juan Carlos en su libro. En este sentido, les pido que me permitan comentarles la profundidad extraordinaria que yo encuentro entre sus líneas.

En el libro nos propone una visión más amplia del cliente y plantea que la meta es darle una atención excepcional al considerarlo *"alguien en quien tú quieres influir positivamente, porque te importa y porque es una acción que estimula tu potencial creativo".*

La palabra **cliente** proviene del latín **cliens**, que significa *protegido*. Además, **cliens** es el participio activo de **cluere**, que a su vez significa *oír ser llamado, oír ser reputado, ser estimado*.

En Roma, la palabra **cliens** terminó distinguiendo a los hombres que llegaban ayudados y protegidos por un *patricio* (el *patronus*), quien los hacía **parte de la familia**, y se brindaban apoyo mutuo.

En definitiva, cuando cuidamos, protegemos y nos ocupamos de influir positivamente en nuestro cliente, estamos practicando el cuidado y la protección de nosotros mismos, y a la vez influimos de manera positiva en nuestro entorno.

Cuando estás realmente presente durante la acción de atender bien, con arte, dedicado a **influir positivamente**, estás cumpliendo con el antiguo ideal griego de unir a *Eros*, el espíritu del amor, con *Psique*, el alma.

Cuando le pones alma a tu trabajo y a tu vida, ya no dependes exclusivamente de lo que sea tu trabajo o tu existencia, sino que tú llevas el espíritu del amor a la situación y la transformas positivamente, para ti y para los que te rodean, en una obra de arte donde todos se benefician y disfrutan.

Este proceso es la creación de toda una vida y empieza en el mismo momento en que decides ponerlo en marcha.

He comentado en varias oportunidades que el aporte de Juan Carlos sobre la atención artística a los clientes, recogido en este libro y en el anterior (*Arte Supremo*), es similar a lo que plantearon los alquimistas en la antigüedad.

Ellos tomaban una **prima materia** y la hacían pasar por una larga serie de procesos para transformarla en oro.

En el transcurso de las fases necesarias para alcanzar el oro alquímico –proceso que llamaban *El Opus*, es decir, *La Obra*– el alquimista también cambiaba como persona, encontraba su vocación y lograba una sensación de plenitud, entusiasmo y satisfacción, que constituía **El Oro del Alma**.

En este sentido, si deseas hacer mejoras en tu vida, brindándole un sentido más profundo y pleno a tu trabajo y a tu situación vital, ***empieza a practicar*** los pequeños cambios de actitud hacia tus clientes que te sugiere Juan Carlos en esta publicación, y combínalos con las reveladoras 50 prácticas del libro *Arte Supremo*.

Al ejercitar las recomendaciones prácticas que hace Juan Carlos, sentirás mayor entusiasmo profesional y una transformación profunda de tus circunstancias. Encontrarás razones adicionales de alegría en tu trabajo y una genuina motivación en muchos otros aspectos de tu vida cotidiana.

Francisco "Patxi" Andrés
Caracas, Noviembre 2011

Referencias bibliográficas

ALBRECHT, Karl (1998). *Servicio al cliente interno*. Madrid: Ediciones Paidos Ibérica.

BALLARD, Jim; FINCH, Fred (2005). *Clientemanía. Nunca es demasiado tarde para construir una empresa centrada en el cliente*. Caracas: Grupo Editorial Norma.

BECKWITH, Harry (2005). *Enamore a sus clientes*. Caracas: Ediciones Urano.

BLANCHARD, Ken (2008). *Saber y hacer*. Caracas: Grupo Editorial Norma.

BLANCHARD, Ken; BOWLES, Sheldon (2005). *Clientes incondicionales ("Raving fans")*. Bogotá: Grupo Editorial Norma.

BLANCHARD, Ken (2002). *Bien hecho. El poder de las relaciones positivas*. Bogotá: Grupo Editorial Norma.

BRINKMAN, Rick; KIRSHNER, Rick (2006). *Amarás a tus clientes*. Madrid: Ediciones Empresa Activa.

CAPODAGLI, Bill (2006). *The Disney Way. Harnessing the management secrets of Disney in your company*. USA: McGraw-Hill.

CARNEGIE, Dale (2010). *Cómo ganar amigos e influir en las personas*. USA: Vintage (Randon House).

CIALDINI, Robert; GOLDSTEIN, Noah; MARTIN, Steve (2008). *¡Sí! 50 Modos comprobados científicamente para ser persuasivo*. Madrid: Lid Editorial.

CRAVEN, Robert (2003). *El cliente es el Rey*. Barcelona: Ediciones Gestión 2000.

CROTHER, Cyndi (2004). *Catch! A fishmonger guide to greatness*. San Francisco: Barret-Koehler Publishers.

ELIAS, Joan (2000). *Clientes contentos de verdad. Claves para comprender a clientes y a usuarios.* Barcelona: Ediciones Gestión 2000.

HEWARD, Lyn (2006). *La magia: Una historia sobre el poder de la creatividad y la imaginación.* Madrid: Empresa Activa.

JIMENEZ, Juan Carlos (2010). *Arte Supremo. 50 Prácticas de buena atención al cliente.* Caracas: Cograf Ediciones.

JIMENEZ, Juan Carlos (2008). *El valor de los valores en las organizaciones.* Caracas: Cograf Ediciones.

JIMENEZ, Juan Carlos (2010). *Amplía tus oportunidades. Paradigmas de la motivación personal.* Caracas: Cograf Ediciones.

KINNI, Ted (2003). *Be our guest: Perfecting the art of customer service.* USA: Disney Editions.

LUNDIN, Stephen; PAUL, Harry; CHRISTENSEN, John (2001). *Fish.* Barcelona: Ediciones Urano.

MITCHEL, Jack (2008). *Abrace a sus clientes.* Caracas: Norma.

SEIDMAN, Dov (2007). *How: why how we do anything means everything... in business (and in life).* New Jersey: John Wiley & Sons.

THOMPSON, Jim (2007). *Positive coaching in a nutshell.* California: Balance Sport Publishing.

Sobre el autor

Juan Carlos Jiménez comenzó su experiencia profesional en el año 1978 como diseñador gráfico. Desde entonces se ha desempeñado como director creativo en empresas editoriales, medios de comunicación impresos, estudios de diseño y agencias de publicidad.

En 1990 fundó Cograf Comunicaciones, en donde se dedica al diseño y ejecución de proyectos de identidad de marcas, imagen corporativa, mercadeo y ventas, atención al cliente y estrategias de comunicación corporativa.

Desarrolla programas de asesoría y formación profesional, dirigidos a promover cultura de atención y servicio al cliente y construcción de equipos de trabajo de alto desempeño, basados en valores de excelencia personal.

Es autor de los libros *Atender clientes artísticamente; Arte supremo; Diálogo 2 punto 0; El valor de los valores en las organizaciones; Amplía tus oportunidades; Aprende con eficacia; El e-mail en el trabajo; Mercadeo.com y Negocios.com.*

También es co-autor de los siguientes libros de bolsillo: *El arte supremo de la atención al cliente; Atiéndame bien; y Trabajar y disfrutar en equipo.*

Ha sido profesor invitado de diversas universidades venezolanas e instituciones de educación superior en cátedras de mercadeo, comunicaciones estratégicas, branding e Internet. Constantemente comparte sus ideas y recomendaciones en seminarios, conferencias y eventos corporativos.

Email: jucar@cograf.com
Facebook - Twitter - YouTube - SlideShare: jucarjim

Publicaciones de Cograf Comunicaciones

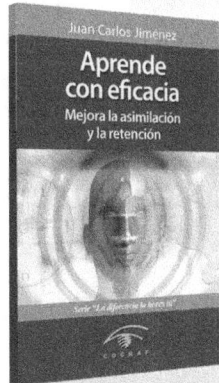

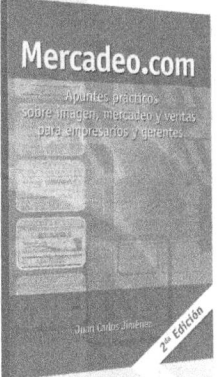

www.libroscograf.com

De venta en Amazon.com y Bubok.com

Cograf Comunicaciones

Brindamos asesoría a empresas y organizaciones sociales para que promuevan internamente valores relacionados con responsabilidad individual, excelencia personal, atención y servicio al cliente, comunicación interpersonal, trabajo en equipo, visión de futuro y gerencia del cambio.

Sobre estos temas ofrecemos conferencias, seminarios, talleres, programas de entrenamiento, coaching gerencial, eventos corporativos y diseño de reuniones especiales, adaptados a la medida de las necesidades y condiciones de nuestros clientes.

Si desea adquirir ejemplares adicionales de nuestros libros para distribuirlos en su empresa o entre amigos y colegas, ofrecemos interesantes condiciones de precio por volumen.

También realizamos ediciones especiales de estos libros, en las que se incorpora el logotipo de su empresa en la portada y un mensaje especial de su organización, firmado por sus directivos o representantes.

Contáctenos:
Cograf Comunicaciones Av. Fco. de Miranda con Av. Ppal. de Los Ruices, Centro Empresarial Miranda, Piso 1, Ofic 1K, Los Ruices, Caracas 1070, Venezuela. Telf.: (+58 212) 239-5864 / 237-9702.
E-mail: jucar@cograf.com - www.cograf.com

www.cograf.com

www.cursoscograf.com

www.libroscograf.com

www.internetips.com

www.folletoweb.com

cograf.wordpress.com

facebook.com/cograf

twitter.com/cograf

www.artesupremo.com

www.ampliatusoportunidades.com

www.elvalordelosvalores.com

www.dialogo2punto0.com